MUST READ — ANALISI DEL LIBRO

Uomini e topi

· · · · · · · · · · · · · · · · · ·

JOHN STEINBECK

ANALISI DEL LIBRO

Scritto da Maël Tailler
Tradotto da Sara Rossi

Uomini e topi

JOHN STEINBECK

JOHN STEINBECK

SCRITTORE AMERICANO

- **Nato a Salinas (California) nel 1902.**
- **È morto a New York nel 1968.**
- **Opere degne di nota:**
  - *Tortilla Flat* (1935), romanzo
  - *The Grapes of Wrath* (1939), romanzo
  - *L'est dell'Eden* (1952), romanzo

Lo scrittore americano John Ernst Steinbeck è noto soprattutto per i suoi romanzi e novelle, tendenzialmente ambientati nella natía California e incentrati sulle difficili condizioni di vita delle popolazioni rurali. Ha anche lavorato come reporter per l'*International Herald Tribune* durante la Seconda guerra mondiale (1939-1945).

Nel 1962 Steinbeck ha ricevuto il Premio Nobel per la Letteratura per la sua produzione letteraria nel suo complesso. Molti dei suoi romanzi sono stati adattati per il cinema, e questi adattamenti hanno contribuito alla popolarità della sua opera.

UOMINI E TOPI

L'ANIMALITÀ ESSENZIALE DELL'UOMO

- **Genere:** novella
- **Edizione di riferimento:** Steinbeck, J. (2000) *Of Mice and Men*. Londra: Penguin.
- **1° edizione:** 1937
- **Temi:** amicizia, sogni, la Grande Depressione, violenza, morte, povertà

Of Mice and Men è stato pubblicato per la prima volta nel 1937 e racconta la storia di Lennie Small, un uomo fisicamente imponente e prodigiosamente forte con difficoltà di apprendimento, e George Milton, un uomo piccolo e sveglio, che lavorano insieme in un ranch nel sud della California e sono inseparabili. I due sognano di mettere da parte abbastanza soldi per comprare una fattoria tutta loro e condurre una vita semplice. Tuttavia, il mondo del ranch è inevitabilmente violento e, sebbene non avesse alcuna intenzione di fare del male, Lennie uccide accidentalmente la moglie del figlio del capo, Curley.

SINTESI

UN NUOVO LAVORO

Due lavoratori stagionali, Lennie, un uomo enorme con difficoltà di apprendimento, e George, un giovane piccolo e intelligente, sono fuggiti da un ranch nel villaggio di Weed, nel nord degli Stati Uniti, e ora stanno vagando per la campagna californiana vicino a Soledad, una remota cittadina del sud. George decide di fermarsi e di passare la notte vicino a un fiume, per poi visitare il ranch vicino il mattino seguente, nella speranza di trovare un lavoro. Questo gli permetterà di guadagnare il denaro necessario per acquistare la propria fattoria.

Mentre riscalda una lattina di fagioli, George avverte Lennie che deve comportarsi bene se vuole realizzare il sogno di vivere nella propria fattoria con i propri guadagni. Questo significa che deve smettere di portare un topo morto in tasca, stare lontano dalle ragazze e, soprattutto, tacere. Apprendiamo che Lennie ha avuto un'infanzia difficile: è rimasto orfano in giovane età ed è stato allevato da una donna di nome Clara in una piccola città chiamata Auburn. Ora dipende da George.

Il giorno dopo, nella zona notte del ranch, incontrano un vecchio ranchero di nome Candy, il capo e suo figlio Curley, un uomo piccolo, nervoso e arrogante che cerca subito di intimidirli. Una volta usciti dal dormitorio, Candy li mette in guardia da Curley ("Curley non corre rischi, vince sempre", pp. 30-31) e da sua moglie, che ha "l'occhio" (p. 29). A conferma di ciò che dice, la donna viene loro incontro, fingendo di cercare il marito.

George è preoccupato e dà a Lennie altri consigli prima che entrino Carlson e Slim, altri due lavoratori stagionali. Il cane di Slim ha appena avuto dei cuccioli e Lennie vuole accarezzarne uno. Slim accetta di dargliene uno.

Durante le pause, i lavoratori stagionali giocano a lanciare i ferri di cavallo il più vicino possibile a un chiodo; chi riesce a colpire il chiodo vince la partita e i soldi che i giocatori hanno depositato. Mentre gli altri giocano, Slim parla con George nella zona notte e George gli racconta dell'infanzia difficile di Lennie e della loro fuga da Weed.

Poco dopo, Carlson entra e inizia a fare pressioni su Candy per uccidere il suo cane, che puzza e cammina zoppicando. Alla fine il vecchio cede e Carlson se ne va con l'animale anziano e malato. In quel momento, Curley irrompe e dice ai lavoratori che sta cercando sua moglie. Tutti lo seguono, tranne Lennie, Candy e George. Quando George inizia a parlare della fattoria che lui e Lennie vogliono comprare, Candy, che è completamente sola al mondo, decide di unirsi alla loro impresa.

Più tardi, Curley entra di nuovo in scena e si scusa con Slim, che ne ha abbastanza della sua gelosia sfrenata. Sfoga quindi le sue frustrazioni su Lennie provocandolo e picchiandolo. Lennie accetta passivamente le percosse, non sapendo quali saranno le conseguenze di una reazione, ma quando George gli dice di attaccare, schiaccia la mano di Curley. Lennie è spaventato, perché teme che ora il loro sogno non si realizzerà mai.

UN SOGNO IMPOSSIBILE

Il sabato sera, mentre George e gli altri si recano al bordello di Old Susy, Lennie va nelle stalle dove dorme Crooks, lo stalliere nero e disabile. Non riesce a trattenere la lingua e inizia a parlare del loro sogno, e in breve tempo Candy si unisce a loro e si intromette nella conversazione. Crooks è interessato, ma non crede che il loro sogno si realizzerà mai: "Nessuno arriva mai in paradiso, e nessuno non ottiene la terra" (p. 73).

La moglie di Curley, che ancora una volta finge di cercare il marito, arriva e chiede cosa sia successo alla sua mano. Candy e Crooks si arrabbiano quando la donna inizia a prendere in giro Lennie e a parlare di loro come se fossero dei comuni vagabondi. Tuttavia, la donna sa di essere protetta dal suo status sociale e dice loro di stare zitti perché la loro opinione non conta: "Nessuno vi ascolterebbe, e lo sapete" (p. 80). George torna e si infuria con Lennie per aver parlato del loro segreto.

Un tardo pomeriggio, Lennie rimane da solo nella stalla con un cucciolo morto mentre gli altri giocano a ferri di cavallo. Cerca di nasconderlo, perché teme che se George lo scopre, non gli permetterebbe di occuparsi dei conigli della loro fattoria. La moglie di Curley viene a parlargli e, sebbene lui sia inizialmente riluttante, si lascia presto coinvolgere in una conversazione con lei. Lei gli confida che voleva fare l'attrice, ma si è rassegnata a sposare Curley. Lennie le dice che gli piace accarezzare le cose morbide e quando vuole toccarle i capelli, lei indietreggia prima di cambiare idea. Lo vede come "un bambinone" (p. 89) e finisce per invitarlo ad accarezzarle i capelli.

Tuttavia, Lennie inizia ad accarezzarle i capelli in modo sempre più brusco e, quando la giovane donna va in panico e inizia a urlare, vede rosso. Nel tentativo di farla tacere, le spezza accidentalmente il collo. Quando Candy e George entrano e scoprono il corpo senza vita della giovane donna, sanno che il loro sogno è finito, perché capiscono immediatamente che Lennie l'ha uccisa e che Curley vorrà linciarlo. George va quindi a rubare la pistola di Carlson e finge di arrivare sul posto nello stesso momento di Curley e degli altri, che hanno appena scoperto il corpo. Nonostante gli sforzi di George per calmare Curley e salvare il suo amico, non si riesce a farlo ragionare e Lennie viene condannato a morte.

Lennie torna sulla riva del fiume, come George gli aveva detto di fare se le cose fossero andate male. Si sente in colpa e immagina che la zia e un coniglio gigante siano venuti a rimproverarlo. George lo trova e lo conforta parlandogli della loro fattoria e dicendogli che non è stata colpa sua. Allo stesso tempo, però, tira fuori la pistola e, a malincuore, con mano tremante, spara al collo dell'amico. Quando gli altri arrivano, vedono il corpo di Lennie accanto a George, che è seduto "rigidamente" (p. 105) vicino al fiume in silenzio. Slim si avvicina a lui e gli propone di venire a bere qualcosa con loro. Curley e Carlson non capiscono il loro dolore.

STUDIO DEL CARATTERE

La struttura e la trama lineare del romanzo rendono facile classificare i personaggi in base alla quantità di potere di cui dispongono, che ne regola gli atteggiamenti e i comportamenti. Dal più potente al meno potente, abbiamo:

IL CAPO

Il capo è un uomo piccolo e tarchiato che non si preoccupa dei suoi dipendenti, purché lavorino. Rappresenta l'autorità, ma appare solo una volta nella storia.

CURLEY

Come il padre, a cui deve il suo potere, Curley si distingue per il suo abbigliamento dai lavoratori stagionali: indossa stivali con tacchi alti e un guanto pieno di vaselina sulla mano sinistra per mantenerla "morbida per sua moglie" (p. 29).

Ha una spiccata vena di gelosia, si diverte a provocare gli altri e passa il tempo a ricordare ai lavoratori stagionali il suo status e a correre dietro alla moglie. È arrogante, vanitoso e insensibile e ha un certo complesso per la sua piccola statura: Candy dice a George e Lennie che "odia i ragazzi grandi" (p. 28). A volte cerca di usare la violenza per affermare il suo potere (è un pugile leggero), ma tutti si accorgono del suo atteggiamento e non riesce mai ad affermare la sua autorità sugli uomini di carattere.

LA MOGLIE DI CURLEY

Non ci viene mai detto il nome della moglie di Curley. È volgare e rozza, ma sa come attirare l'attenzione: si comporta in modo provocante, si trucca pesantemente e passa il tempo flirtando con i lavoratori stagionali. Sotto questa facciata, è amara e sola: voleva essere un'attrice di Hollywood, ma si è accontentata di sposare Curley perché non c'era nessuno di meglio. Non ama suo marito e, non appena lui le volta le spalle, cerca altre persone che le facciano compagnia o usa il suo status sociale più elevato per umiliare chi è più debole di lei, in particolare Crooks e Candy.

Quando si ritrova sola con Lennie, il suo aspetto strano ma gentile la spinge a confidarsi con lui. Quando lui le chiede di accarezzarle i capelli, lei lo lascia fare, non solo come ricompensa per averla ascoltata, ma anche perché è orgogliosa dei suoi capelli setosi. Tuttavia, Lennie è troppo rude con lei e le spezza accidentalmente il collo.

I LAVORATORI STAGIONALI

I lavoratori stagionali sono uomini semplici che indossano tutti "blue jeans e una giacca di jeans corta" (p. 34). Tendenzialmente sono single e lavorano duramente per guadagnare pochi dollari a settimana, che spendono nei fine settimana in alcol e ragazze per "togliersi ogni sfizio" (p. 56). Tutti sognano una vita migliore, ma le loro dure condizioni di vita la rendono impossibile.

Il loro potere è relativo e di breve durata e deriva dall'essere uniti: ad esempio, Candy e Crooks riescono a preservare la loro dignità opponendosi brevemente alla moglie di Curley. Tuttavia, sebbene provino un affetto naturale l'uno per l'altro, il loro individualismo e la paura di perdere il lavoro costringono ciascuno di loro a diffidare e a mantenere le distanze dagli altri.

I lavoratori stagionali sono al centro del romanzo e possono essere divisi in due gruppi:

Il più forte

- **George Milton** è *"piccolo e svelto, scuro di viso, con occhi inquieti e lineamenti forti e taglienti" (p. 4).* Lui e Lennie sono i due personaggi principali della storia. George è un uomo intelligente, onesto, spontaneo e generoso che ha preso Lennie sotto la sua ala protettiva dopo la morte della donna che lo aveva cresciuto. Sebbene i due uomini siano diversi sotto molti aspetti, si completano a vicenda e formano una forte alleanza: la prontezza di spirito di George e la forza prodigiosa di Lennie sono entrambe essenziali per la loro sopravvivenza. Il cognome di George è un riferimento a una delle ispirazioni letterarie di Steinbeck, il poeta inglese John Milton (1608-1674), il cui poema epico *Paradise Lost* parla della caduta dell'uomo e riecheggia quindi la storia di George e Lennie.

- **Carlson** è un uomo forte e ben costruito. Quando decide di uccidere il cane di Candy, nessuno osa sfidarlo.

- **Slim**, lo scuoiatore del ranch, è un uomo gentile con una voce profonda e universalmente rispettato. È la persona che gestisce veramente il ranch.

- **Whit** è il più giovane della fattoria, ma cammina già chino a causa del suo lavoro.

Il più debole

- **Lennie Small** è l'opposto di George in termini di aspetto fisico: è "un uomo enorme, dal viso informe, con occhi grandi e pallidi e spalle larghe e spioventi" (p. 4). È fisicamente imponente, mentalmente disabile e di buon cuore, e viene spesso paragonato a un animale ("camminava pesantemente, trascinando un po' i piedi, come un orso trascina le zampe", ibid.) o a un bambino ("Certo che è proprio come un bambino", p. 44). È innocente, goffo, sensibile e poco intelligente, e si affida a George perché non è in grado di vivere autonomamente. È innegabilmente l'uomo più forte del ranch, dal punto di vista fisico, ma la sua ingenuità e la sua mancanza di intelligenza lo rendono spesso vulnerabile (George è chiaramente la figura dominante nella loro amicizia e lo incolpa di tutti i loro problemi; Curley sfoga la sua rabbia su di lui). Il suo cognome contrasta con la sua forza e allude alla sua fondamentale debolezza.

- **Candy** è un uomo anziano con la barba bianca, logorato dalla vita. Ha perso la mano sinistra lavorando, per cui ora può svolgere solo le faccende domestiche, ed è troppo vecchio per accompagnare gli altri quando vanno in città. Ha paura di morire da solo, perché sa che, quando diventerà un peso, non verrà posta fine alle sue sofferenze come Carlson ha fatto per il suo cane.

- **Crooks**, lo stalliere nero e disabile, si trova in fondo alla gerarchia del ranch. A causa della sua razza, viene considerato inferiore e ostracizzato: è l'unico a dormire nelle stalle, dove nessun altro lavoratore stagionale va (Lennie è il primo a farlo), nessuno gli parla e gli altri uomini si rifiutano di farlo partecipare alle loro partite a carte, sostenendo che puzza. Tuttavia, è il migliore a lanciare i ferri di cavallo e l'unico a leggere i libri.

ANALISI

STEINBECK E IL SUO TEMPO

La Grande Depressione

Sebbene la storia di George e Lennie sia romanzata, la Grande Depressione che le fa da sfondo è stata reale e ha rappresentato la più grave crisi economica del XX secolo. Fu innescata dal crollo di Wall Street del 24 ottobre 1929, che fece sprofondare gran parte del mondo in una recessione decennale. Negli Stati Uniti, questo periodo vide una disoccupazione alle stelle, un aumento della povertà e profondi cambiamenti sociali ed economici.

Gli agricoltori americani furono particolarmente colpiti dalla crisi, poiché la Grande Depressione fece crollare i prezzi dei raccolti e portò a un calo del 60% della produzione agricola. Molti agricoltori furono rovinati e persero le loro aziende.

Queste condizioni difficili furono aggravate da un disastro naturale senza precedenti, noto come Dust Bowl. Si trattò di un periodo di grave siccità e tempeste di polvere che colpirono le Grandi Pianure al centro degli Stati Uniti. Questo evento distrusse i raccolti e, insieme agli effetti della Grande Depressione, fu sufficiente a portare molti piccoli agricoltori alla rovina.

I braccianti furono costretti a lasciare la loro terra e a dirigersi verso la California, che era vista come una "terra promessa" grazie al suo clima temperato e alle fiorenti coltivazioni di frutta e verdura. Steinbeck si concentrò su questo esodo, che portò oltre un milione di contadini in California negli anni '30, nel suo romanzo più famoso, *The Grapes of Wrath*. Questa vasta forza lavoro permise ai proprietari di ridurre notevolmente i salari, costringendo gli agricoltori alla povertà. Ciò significa che durante la Grande Depressione i braccianti caddero spesso in preda allo stesso pessimismo e fatalismo dei personaggi di *Uomini e topi*.

La crisi economica e l'esodo dei braccianti fanno da sfondo alla storia. La storia di George e Lennie illustra le difficoltà affrontate da questi lavoratori ambulanti e il sogno che molti di loro condividevano: trovare un lavoro e guadagnare abbastanza per garantirsi l'indipendenza.

Comportamentismo

Il comportamentismo è una branca della psicologia sviluppata negli Stati Uniti all'inizio del XX secolo dallo psicologo John Broadus Watson (1878-1958), che prevede l'osservazione oggettiva del comportamento umano. Si tratta di una forma di psicologia comportamentale e i comportamentisti ritengono che il modo migliore per analizzare lo stato mentale di un individuo non sia quello di esaminare i suoi pensieri e sentimenti, ma piuttosto di considerare il suo comportamento e atteggiamento esteriore.

Molti autori del primo Novecento, tra cui Steinbeck, furono influenzati dal comportamentismo. Esso svolge un ruolo fondamentale nella maggior parte dei suoi romanzi, che si distinguono anche per il loro realismo: egli descrive il comportamento dei suoi personaggi con notevole precisione e obiettività, e il narratore in terza persona racconta gli eventi della storia con totale imparzialità. Impariamo a conoscere i personaggi attraverso le loro conversazioni e le loro descrizioni oggettive. Un esempio lampante di ciò si ha all'inizio del romanzo, quando ci vengono presentati per la prima volta George e Lennie. Non ci viene data alcuna visione dei loro pensieri, per cui è impossibile dire chi sono o cosa stanno pensando, ma comprendiamo i tratti chiave della loro personalità grazie al modo in cui vengono descritti.

Quando incontriamo George e Lennie per la prima volta, stanno camminando "in fila indiana" (p. 4), con George, il più dominante dei due uomini, che guida la strada. Egli appare dinamico e sicuro di sé ("Ogni parte di lui era definita", *ibid*.), e i suoi "occhi inquieti e i tratti forti e taglienti" (*ibid*.) danno l'impressione che la sua vita non sia stata facile. Al contrario, Lennie sembra essere un personaggio più mite: segue George, apparentemente senza sapere o preoccuparsi di dove stanno andando, e ha un viso "informe" e "spalle spioventi" (*ibid*.). "Cammina pesantemente, trascinando un po' i piedi" e le sue braccia "non oscillano sui fianchi, ma pendono" (*ibid*.). Steinbeck utilizza uno stile di scrittura molto "visivo" per questa descrizione.

Non ci vengono forniti dettagli sul passato o sulla personalità dei due protagonisti, ma questa descrizione del loro comportamento ci dà immediatamente un'idea di come sono. Allo stesso modo, quando i due amici incontrano Curley per la prima volta, questi assume un atteggiamento intimidatorio: "Le sue braccia si piegarono gradualmente sui gomiti e le mani si chiusero a pugno. Si irrigidì e si accucciò leggermente. Il suo sguardo era allo stesso tempo calcolatore e combattivo" (p. 27). Il narratore non dice esplicitamente che Curley è arrogante e diffidente, ma la sua postura tesa e aggressiva e il suo sguardo ostile la dicono lunga sulla sua personalità.

Anche se il narratore rimane oggettivo e non abbiamo la possibilità di conoscere i pensieri dei personaggi, il testo è tutt'altro che privo di emozioni. Ad esempio, il contrasto tra le descrizioni poetiche e visive e i dialoghi brevi e incisivi riflette il rapporto ambiguo di George e Lennie, che sembra allo stesso tempo rude e tenero. Nonostante George affermi il contrario (all'inizio del romanzo dice che starebbe meglio senza Lennie), la loro amicizia è molto forte. Il fatto che gli altri personaggi, come Candy e Crooks, siano completamente soli mette ancora più in risalto il loro rapporto.

UMANITÀ E ANIMALITÀ

Il titolo del romanzo è ispirato a un frammento della poesia "To a Mouse" del poeta scozzese Robert Burns (1757-1796): "The best-laid schemes o' mice an' men/Gang aft agley" (spesso parafrasato in inglese come "i piani meglio congegnati di topi e uomini spesso vanno a monte"). Questo titolo suggerisce che gli uomini e gli animali sono fondamentalmente simili (un'impressione rafforzata dall'allitterazione di "topi" e "uomini", che unisce simbolicamente le due specie) e che, nonostante le nostre pretese, nel profondo siamo ancora tutti animali.

Questo paragone ricorre in tutto il romanzo:

- L'aspetto, la mancanza di intelligenza e l'impulsività di Lennie spingono il narratore a paragonarlo a un orso (pp. 4 e 98), a un cavallo (p. 4) e a un cane (p. 71);

- gli uomini sono spesso paragonati a cani, topi (George descrive la moglie di Curley come "una trappola a sonagli se mai ne ho vista una", p. 34) e conigli;

- le donne sono spesso paragonate a galline o a polli (p. 78).

Due delle sottotrame del romanzo rafforzano questo parallelo:

- I cuccioli di Slim. Slim è costretto a uccidere la metà più debole della sua cucciolata per permettere agli altri di sopravvivere. Inoltre, il corpo della moglie di Curley giace sul pavimento della stalla accanto al cucciolo che Lenny ha accidentalmente ucciso.

- Il vecchio cane senile di Candy. Come il suo compagno a quattro zampe, Candy zoppica in giro per il ranch, ma non vuole essere messo a tacere quando inizia a essere un peso per gli altri. Crooks viene ostracizzato perché gli altri uomini dicono che puzza (dorme nelle stalle, lontano dagli altri uomini), ma è l'odore del cane che spinge Carlson a ucciderlo. Crooks viene quindi implicitamente paragonato a un cane.

LA PREFIGURAZIONE NEL ROMANZO

Diversi elementi fanno presagire il tragico finale del romanzo. Questo determinismo narrativo trasmette una visione pessimistica del mondo, ma rimane ancora un barlume di speranza.

Fino alla fine della storia, il lettore è incoraggiato a credere che il sogno di George e Lennie possa ancora realizzarsi. Sebbene Lennie infranga ripetutamente la promessa di non parlare dei loro progetti, più parla, più la gente sembra aderire al loro sogno, più la loro futura comunità cresce e più questo sogno sembra diventare realtà. Il lettore è quindi invitato a sperare con loro e il romanzo fa sembrare che George e Lennie possano sfuggire al destino dei loro compagni braccianti.

Tuttavia, ci sono diversi indizi che lasciano intendere il tragico finale del romanzo:

- **Il titolo**. Chi conosce la poesia di Burns sa che è pessimista.

- **I personaggi del romanzo e il mondo che descrive**, caratterizzato da violenza, povertà e individualismo. Questi creano una catena di oppressione che finirà inevitabilmente per spezzare uno dei suoi anelli. L'amicizia tra George e Lennie è un'eccezione a questa regola ed è significativo che si rompa dall'interno: George uccide Lennie, ma avrebbe potuto fuggire con lui.

- **Il cognome di George** (Milton). Questo riferimento intertestuale lascia intendere che anche la fattoria che i protagonisti sognano di acquistare è un "paradiso perduto".

- **Lennie**, che inavvertitamente provoca danni e viene ripetutamente messo in guardia sul suo comportamento dagli altri personaggi, in particolare da George. Le regole che deve seguire sembrano abbastanza semplici: deve stare zitto, evitare le donne e fare attenzione alle creature più deboli (come i cuccioli). Tuttavia, le sue dimensioni, il suo potere e la sua impulsività gli rendono impossibile rispettare le regole. Verso l'inizio del romanzo, apprendiamo che ha causato problemi nel ranch di Weed, dove viveva in comunità con altri uomini. Nel corso del tempo, il suo comportamento inappropriato ha conseguenze sempre più gravi: uccide un topo, poi un cucciolo, poi una donna, prima di essere ucciso lui stesso.

- A livello testuale, ci sono alcuni **passaggi apparentemente profetici**:

  o L'oscurità che gradualmente permea la stalla verso la fine del romanzo preannuncia un evento tragico (la morte della moglie di Curley, che pone fine al sogno di Lennie).

  o Se si paragona la descrizione dell'area intorno al fiume all'inizio del romanzo, si può dire che essa preannuncia il finale del romanzo. Inizialmente, l'ambiente naturale di George e Lennie sembra tranquillo e armonioso, e numerose descrizioni rafforzano questa impressione: "salici freschi e verdi ad ogni primavera" (p. 3); "un sentiero battuto duramente dai ragazzi che scendevano dai ranch per nuotare nella piscina profonda" (ibid.), ecc. Alla fine del romanzo, questo ambiente è cambiato, poiché l'armonia tra le specie ha lasciato il posto a una lotta violenta (un airone mangia un serpente prima di essere allontanato da Lennie) e la vita sopita è stata sostituita da una morte pacifica: "era caduta un'ombra piacevole", "foglie marroni e secche sul terreno" "e fila su fila di piccole onde di vento risalivano la pozza verde" (p. 98).

Il romanzo contiene quindi numerosi indizi sul fatto che i suoi personaggi andranno incontro a una fine tragica. Costituisce una metafora di una società in cui tutti hanno sogni che non si realizzeranno mai.

UN ROMANZO TEATRALE

Of Mice and Men fu un successo immediato quando fu pubblicato nel 1937, e il regista George S. Kaufman (1889-1961) propose subito a Steinbeck un adattamento a Broadway. Anche quest'opera fu un successo, con 207 rappresentazioni e il premio come miglior spettacolo del 1938 da parte del New York Drama Critics' Circle.

Il successo di questo adattamento non sorprende, dato che *Of Mice and Men* è un'opera ibrida con caratteristiche sia del romanzo che dell'opera teatrale: pur avendo la forma di un romanzo, la sua struttura permette di adattarlo al palcoscenico con cambiamenti minimi. Un critico si è spinto fino a definire il libro come una "pièce-novelette".

L'ibridazione del romanzo si nota chiaramente nella forma della sua narrazione. Poiché Steinbeck utilizza un narratore oggettivo in terza persona, il lettore si cala nel ruolo di spettatore e osserva lo svolgersi degli eventi come se il libro fosse un'opera teatrale. C'è anche una quantità significativa di dialoghi, accompagnati da sezioni di narrazione così brevi da assomigliare a indicazioni sceniche. La scena in cui ci viene presentata la moglie di Curley, che assume subito un atteggiamento civettuolo, illustra perfettamente questo approccio:

> *"'Oh!' Mise le mani dietro la schiena e si appoggiò al telaio della porta in modo che il suo corpo fosse proiettato in avanti.*

'Siete i nuovi arrivati, vero?'

'Sì'.

Gli occhi di Lennie scesero sul suo corpo e, sebbene non sembrasse che stesse guardando Lennie, si imbrigliò un po'. Si guardò le unghie.

'A volte Curley è qui dentro', spiegò. [...] Fece un sorriso arcuato e contrasse il corpo. 'Nessuno può biasimare una persona che guarda', disse. Si sentirono dei passi dietro di lei, che passavano. Lei girò la testa". (pp. 32-33)

Inoltre, il romanzo rispetta due delle tre unità del teatro classico, ossia l'unità di luogo (l'intera storia si svolge nel ranch) e l'unità di azione (la storia presenta una trama principale, ossia la graduale scomparsa del sogno di George e Lennie). Tuttavia, l'unità di tempo non è rispettata: mentre questa regola stabilisce che la trama di un'opera teatrale deve svolgersi nell'arco di non più di 24 ore, gli eventi del romanzo si svolgono nell'arco di tre giorni. Infine, la storia ha sia la densità che il senso di determinismo di un'opera teatrale classica, poiché il tragico finale del romanzo è prefigurato fin dall'inizio, con Steinbeck che lascia un numero crescente di accenni all'imminente disastro (la morte della moglie di Curley e di Lennie).

Qualunque cosa facciano, i personaggi sono condannati e, sebbene all'inizio del romanzo siano pieni di speranza, si rendono presto conto di non poter sfuggire al loro destino: il loro paradiso è perduto e le buone intenzioni di Lennie non bastano a salvarlo dai problemi che causa.

Uomini e topi è soprattutto la storia dell'incrollabile amicizia dei due protagonisti, la cui forza deriva dalla sua semplicità e dalle difficili circostanze in cui è stata forgiata. La forza del romanzo risiede nella sua risonanza emotiva, che lo rende un innegabile classico della letteratura americana.

ULTERIORI RIFLESSIONI

ALCUNE DOMANDE SU CUI RIFLETTERE...

- Spiegate il titolo del romanzo.

- Cosa rivelano le descrizioni fisiche dei personaggi del romanzo sulla loro personalità?

- Come viene rappresentata la donna nel romanzo? È la stessa delle altre opere di Steinbeck?

- Identificate e spiegate i paragoni tra uomini e animali che ricorrono nel corso del romanzo.

- In che modo il romanzo riflette il contesto storico in cui è stato scritto (gli anni '30)?

- Secondo voi, il ritratto che Steinbeck fa della condizione umana è ottimista o pessimista? Spiegate la vostra risposta.

- Perché George e Lennie decisero di lasciare il ranch di Weed?

- Diversi elementi alludono al finale tragico dell'opera. Quali sono?

- Secondo voi, perché George uccide Lennie alla fine del romanzo?

- Delineate le principali differenze tra George e Lennie.

ULTERIORI LETTURE

EDIZIONE DI RIFERIMENTO

Steinbeck, J. (2000) *Uomini e topi*. Londra: Penguin.

ADATTAMENTI

Steinbeck, J. (1937) *Uomini e topi* (opera teatrale). Prima rappresentazione al Music Box Theatre di Broadway nel 1937.

Uomini e topi. (1939) [Film]. Lewis Milestone. Dir. USA: Hal Roach Studios.

Floyd, C. (1969) *Of Mice and Men* (opera). Rappresentata per la prima volta dall'Opera di Seattle nel 1970.

Uomini e topi. (1992) [Film]. Gary Sinise. Dir. USA: Metro-Goldwyn-Mayer (MGM).

Vogliamo sapere da voi!
Lasciate un commento sulla vostra biblioteca online
e condividete i vostri libri preferiti sui social media!

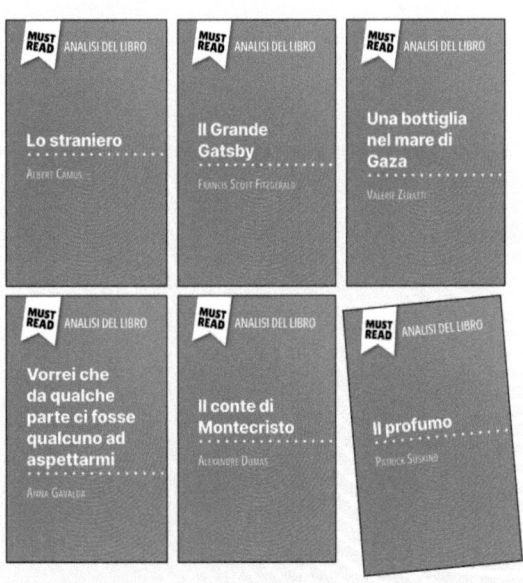

Sebbene l'editore faccia ogni sforzo per verificare l'accuratezza delle informazioni pubblicate, 50minutes.com non si assume alcuna responsabilità per il contenuto di questo libro.

www.50minutes.com

Master ISBN: 9782808689908
ISBN cartaceo: 9782808611305
Deposito legale: D/2023/12603/1410

Copertura: © Primento

Concezione digitale a cura di Primento, il partner digitale degli editori.